AF440400

RÉPONSE

AU MANIFESTE

DU

CITOYEN BONAPARTE.

RÉPONSE

AU MANIFESTE

DU

CITOYEN BONAPARTE

Qui n'a qu'un simple nom
n'a nul droit de prétendre.

PAR ARCHILOQUE

PARIS

CHEZ TOUS LES MARCHANDS DE NOUVEAUTÉS.

—

1848

AU CITOYEN LOUIS BONAPARTE.

Citoyen Prince,

La séance du 25 novembre vous a ému;
les lauriers du général Cavaignac ont troublé
votre sommeil; votre langue s'est aussitôt dé-
liée; et cette fois vos Nestors doivent être
contents de vous; ils vous ont presque trans-

formé en *républicain déterminé* ; ils vous ont fait rusé comme Ulysse ; vous êtes devenu le plus doux, le plus humain des prétendants ; vous avez un mot caressant à l'adresse de tout le monde. C'est fort bien, citoyen prince. Mais la démocratie est inquiète et curieuse ; il lui faut du positif, et malheureusement il y a dans votre manifeste beaucoup d'élasticité et quelques ombres ; pour les dissiper et mettre votre pensée au plus net, nous reprendrons, si vous le permettez, votre déclaration pièce à pièce, afin d'éclairer jusqu'à la plus légère obscurité. C'est à coup sûr entrer tout à fait dans vos vues.

Pour vous rappeler de l'exil, dites-vous, *le peuple français vous a nommé représentant.*

Prince, votre oncle disait un jour, en parlant de la nation française : « Il y a dans ce peuple quelque chose d'unique. A la première vue, vous le croyez léger, passionné, crédule, versatile à tout vent; mais regardez au fond de son caractère, vous le trouverez tenace, infatigable à poursuivre son idée. Franc et généreux, il sympathise avec tous ceux qui souffrent; il se passionne en faveur de tout ce qui est opprimé; mais il devient terrible, inexorable dès qu'il se sent trompé. Facile à pardonner, *il a horreur de l'ingratitude.* Le seul moyen de s'entendre avec lui, c'est de lui parler franchement. L'artifice l'irrite, le mensonge fait éclater sa colère. Les princes ne s'entendent jamais avec lui, parce qu'ils veulent toujours ruser. »

Votre oncle s'y connaissait; ses oracles doivent vous être sacrés, citoyen prince;

ils peuvent merveilleusement s'appliquer à votre situation présente, et n'y pas être pieusement fidèle serait fort peu prudent de votre part.

Votre nom, dites-vous, *se présente comme un symbole d'ordre et de sécurité.*

Votre oncle, citoyen prince, aimait les situations nettes ; la vôtre peut-elle le paraître le moins du monde, quand l'armée de vos partisans n'est recrutée que de gens qui rêvent l'empire, de légitimistes qui ne veulent vous élever que pour faire de vous la planche sur laquelle Henri V doit repasser le Rhin, d'orléanistes qui ne voient, en vous, que l'homme prédestiné à miner, à discréditer, à ruiner la République....? Voyez vous-même ; oseriez-vous affirmer aux plus crédules que votre situation est franche....? oseriez-vous espérer que, le lendemain de votre élection, vos partisans ne se mettront pas à vous détruire, chacun pour vous substituer le roi de ses pensées....? Regardez-y bien, citoyen prince, vous ne vous appuyez que sur une coalition; or ce sont les coalitions qui ont tué votre oncle.

Les témoignages de confiance que l'on vous donne s'adressent *bien plus à votre nom qu'à vous-même, qui n'avez rien fait pour le pays.* C'est toujours vous qui parlez, citoyen prince.

Mais depuis quand un homme de sens oserait-il prétendre à la première magistrature d'un pays, avant d'avoir rien fait pour la mériter....? Depuis quand un homme, qui n'est connu que par deux criminelles et honteuses tentatives contre son pays, oserait-il répondre à la magnanimité de la patrie qui l'a pardonné, par la brigue du premier poste, au moyen des promesses les plus exagérées, en semant partout les plus décevantes illusions….? Depuis quand serait-il permis et moral de dire à des hommes libres : *Je veux être le premier parmi vous, parce que je m'appelle de mon nom….?* N'êtes-vous pas effrayé de l'exemple que vous donnez….?

Vous ne rêvez ni l'empire ni la guerre.

Vous ne disiez donc pas la vérité dans vos proclamations de 1836 et de 1840? ou bien vous changez aujourd'hui de langage parce que vous n'espérez plus pouvoir atteindre au

but de votre ambition par le même che-
min.

Mais qui nous dit que demain vous ne vous
laisserez pas pousser à l'empire, même au
risque de jeter la patrie dans d'affreuses con-
vulsions!... Si d'ailleurs vous êtes résolu à
rester fidèle à la République, comment pou-
vez-vous accepter les suffrages des royalistes?
Ici, prince, vous ne pouvez vous y mépren-
dre, de deux choses l'une : ou vous trompez
vos patrons, ou vous voulez tromper la France.
Est-ce là le rôle d'un patriote, d'un homme
sérieux?...

Vous resterez, dites-vous, *fidèle aux vo-
lontés de l'Assemblée nationale.*

Mais qu'est donc devenu et que signifiait

votre langage menaçant à cette même assemblée, quand vous lui écriviez de Londres, sur un ton tant soit peu césarien : *Si le peuple m'impose des devoirs, je saurai les remplir?* Nous concevons parfaitement votre humilité actuelle; la nécessité est si bonne conseillère!... Mais qui nous dit que demain vous ne reprendrez pas toute votre vanité impériale ?...

Vous vous dévoueriez tout entier, dites-vous, *et sans arrière-pensée, à l'affermissement d'une république sage, honnête et forte.*

Certes vous auriez raison, et mille autres en promettraient facilement autant. Votre déclaration cependant est précise; la nation en prend acte et en gardera bon souvenir.

Mais comment, vous, désormais, *franc et résolu républicain*, pourrez-vous vous arranger
avec vos partisans qui ne veulent de république d'aucune espèce ? Vous n'entendez
donc pas monter les flots tumultueux des
factions qui déjà se préparent à vous anéan-
tir ?...

*Vous mettrez votre honneur à laisser,
après quatre ans, à votre successeur, le pouvoir affermi, la liberté intacte, un progrès
réel accompli.*

Mais pourquoi vous obstiner alors à diviser
les amis de l'ordre, à relever les espérances
de tóus les ennemis de la République, et à
convier, sous votre tente, toutes les passions
hostiles à toute espèce de progrès...? Avouez-
le, citoyen prince, c'est un étrange procédé

que de semer la tempête, d'organiser l'antagonisme, de poser peut-être la fatale nécessité de deux ou trois révolutions, pour nous amener l'ordre, la paix et le progrès… !

Et s'il plaisait aussi à Henri V de venir nous rappeler son nom séculaire et de haute lignée, ma foi ; s'il plaisait aux braves princes de Joinville et d'Aumale de recommander aux électeurs leurs bons et loyaux services, car ces deux derniers ont plus et beaucoup plus qu'un nom ; par tous les saints du paradis, seriez-vous d'humeur à leur céder le pas, et ne leur répliqueriez-vous pas : au premier, qu'il n'a *rien fait pour le pays* ; aux seconds, que c'est beaucoup trop tôt. Ces princes, citoyen Bonaparte, vous donnent une excellente leçon de patriotique abnégation. Au lieu d'agiter nos honnêtes campagnards par mille promesses, dont vous ne tiendrez pas une seule, votre devoir serait d'imiter l'exemple de vos royaux cousins ; mais vous comptez beaucoup sur la phrase suivante :

Votre concours est acquis à tout gouvernement juste et ferme, qui protégera efficacement la religion, la famille, la propriété, qui provoquera les réformes possibles, calmera les haines, réconciliera les partis et assurera ainsi un lendemain à la patrie.

Je transcris ces lignes avec bonheur, citoyen prince ; vos Nestors ne vous avaient jamais si bien inspiré. Seulement il est fort regrettable que vous ne vous soyez pas expliqué plus tôt.

Vous n'auriez pas eu le déplaisir d'être

nommé par les *communistes*, entre Raspail et Thoré. Vous voyez encore ici le danger qu'il y a à n'avoir de principes qu'au jour le jour, et à varier ses professions de foi, selon les circonstances.

Aujourd'hui la ferme sagesse de l'Assemblée nationale et l'intrépide résolution du général Cavaignac ont raffermi tous les grands principes de la société, un instant mis en péril par les passions les plus insensées ; aujourd'hui la République a mis à nu toutes les plaies morales qui rongent notre corps social, et elle pénètre chaque jour les esprits les plus indifférents de la nécessité de revenir aux saintes et tutélaires idées de l'ordre, de la discipline, de la fraternité, de la religion ; aujourd'hui la République démontre chaque jour que ce n'est qu'à l'abri de ces idées que la famille, la propriété, la société elle-même peuvent reposer tranquilles; tout autre langage que celui que vous tenez serait donc folie. C'est pour cela que vous parlez comme tout le monde, et que de votre manifeste ont disparu et vos formules socialistes du mois d'avril et vos caressantes allocutions *aux ouvriers, dont votre pensée semble s'être complétement retirée, depuis que vous avez replacé vos espérances dans ces comtes de l'empire, dans les marquis de la restauration et les barons de juillet.* Citoyen prince, ce passage de votre manifeste, malgré les saines idées qu'il rappelle, accuse, au plus haut degré, votre infatigable ambition et la versatilité de vos affections politiques. Prenez garde, nos bons ouvriers de France sont fort intelligents et n'aiment que les allures franches; nos braves campagnards ne sont pas moins sévères ; ils vous sauront peu de gré d'avoir changé vos populaires protestations d'autrefois pour les grandes phrases à l'adresse des classes plus cultivées.

Plusieurs membres du gouvernement provisoire eurent, citoyen prince, l'impérissable gloire de relever ces saintes lois de l'humanité, en face des factions armées et menaçantes, alors que leur vie était, à chaque minute, suspendue à un mot, à un geste. Au courage le plus intrépide, ces hommes joignent d'ailleurs une capacité remarquable. Cependant ces bons citoyens gardent un modeste silence sur leurs services, tandis que vous, citoyen prince, vous agitez, vous battez la France entière par vos prôneurs, qui vont étalant partout votre personnalité encadrée dans une guirlande de promesses et d'illusions ; singulier,

étrange, incroyable phénomène !... Si vous
vous appeliez *Guillot*, vous n'oseriez pas
même demander une place de sous-préfet;
vous vous appelez *Bonaparte Napoléon*,
c'est, selon vous, tout votre mérite, votre
unique valeur, et vous prétendez à la présidence, après avoir aspiré à l'empire! Mais
où est donc ici *ce progrès réel*, que vous
promettez de léguer à votre successeur? Quoi,
vous donnez l'exemple du plus brutal népo-
tisme, vous allez jusqu'à jouer la guerre
civile peut-être sur votre nom propre, et vous
parlez de progrès, de religion !... Prince, au
nom de la grande âme de votre oncle, vous
donnez un déplorable exemple. Si vous avez
le malheur d'égarer les suffrages de nos con-
fiants et généreux campagnards, vous aurez
à coup sûr de terribles comptes à leur rendre,
et vous verrez alors si l'on peut jamais abor-

der le pouvoir sans en savoir le premier mot, sans en connaître le plus léger souci.

Vous promettez la liberté d'enseignement.

Mais le Gouvernement provisoire l'a promise avant vous; la Constitution la garantit, l'Assemblée et le pays la veulent. Le désir de capter les suffrages du clergé vous égare, sans que vous vous en aperceviez, jusqu'à prouver au peuple que vous n'assistez pas aux séances de l'Assemblée, que vous avez mal lu la Constitution et que vous êtes peu au courant de l'opinion publique.

Vous parlez d'économies possibles, de di-minution des impôts onéreux au peuple; vous voulez encourager l'agriculture, pour-

voir à la vieillesse des travailleurs, etc., etc.

Mais l'Assemblée nationale s'occupe-t-elle d'autres questions depuis trois mois?... Et est-ce bien l'œuvre d'un esprit sérieux, de vouloir se faire un mérite, un moyen électoral d'une opinion, d'une idée qni est la préoccupation la plus grave de l'Assemblée? Sur ce point, d'ailleurs nous eussions été bien aises de savoir quels sont les impôts que vous espéreriez diminuer; car nous ne sommes pas certains que vous soyez parfaitement renseigné.

Vous voulez restreindre le nombre des emplois. Tout le monde le veut; l'Assemblée nationale y tend de toutes ses forces. Nouvelle preuve que vous n'assistez pas aux séances.

Vous dites : *l'ambition des emplois fait d'un peuple libre un peuple de solliciteurs ;* et vous avez raison. Mais pourquoi vous et vos patrons allez vous semant à tout vent, promesses d'emploi, promesses de portefeuilles ? Prenez-y garde, vous allez perdre les voix même de vos coureurs, car ils seront cruellement désappointés.

Vous ne voulez pas que l'État se laisse entraîner à exécuter les grands travaux ; et vous ajoutez cette phrase de rhétoricien : *la centralisation des intérêts et des entreprises est dans la nature du despotisme.* Pour le coup vous parlez comme le citoyen Gorgias ; mais passons votre logogriphe et touchons le point délicat ; vous connaissez la soif des spéculateurs, l'avidité des boursiers, l'ardente

concurrence des entrepreneurs; vous connaissez aussi peut-être la chance *de ces pe-
tits jeux innocents* de la Bourse, où l'on peut
se ruiner ou s'enrichir en un quart d'heure.
Et vous qui aimez les vives émotions, vous
tenez à les conserver pour vos électeurs!...
Courage, monseigneur, c'est ici le sublime
de la moralité... le peuple, j'espère, aura le
temps de vous comprendre. Il vous répondra :

*Vous voulez préserver la presse de l'arbi-
traire et de sa propre licence.* Parfait! parfait! monseigneur; c'est-à-dire que vous lui
appliquerez probablement, pendant une se-
maine, des lois plus draconiennes que celles
de septembre et que vous lui donnerez la se-
maine suivante pour vous maudire vous et
vos juges. Voyez notre simplicité : nous pen-

sions que la *presse* seule pouvait se corriger et s'organiser elle-même, sous le seul empire des lois et de l'opinion.

La paix est le plus cher de vos désirs. C'est tout simple : vous voudriez avoir toutes les douceurs du pouvoir sans en avoir les soucis. Voilà ce que c'est que de n'avoir eu *d'autre peine que de naître et de s'appeler Bonaparte.* Vous ne songez donc plus à votre aigle !...

Une grande nation doit se taire ou ne jamais parler en vain. Idée juste que M. de Lamartine a parfaitement développée dans son admirable manifeste à l'Europe. Ici ; citoyen prince, vous étiez tenu de citer votre auteur. D'ailleurs l'Assemblée nationale a seule le droit de décider ces questions.

Le patriotisme de l'armée a été souvent méconnu, dites-vous; mais l'ambition vous tourne donc l'esprit jusqu'à la calomnie : et quand et où avez-vous eu la preuve de ce que vous dites. Cette parole dans votre bouche est une parole impie. L'armée répondra à cette perfide amorce comme elle répondit à Strasbourg à vos ridicules excitations.

Vous voulez alléger la conscription.

M. le général Lamoricière vient de proposer une réduction de 180,000 hommes. Après lui, si c'est là votre pensée, elle ne vous appartient pas; si vous avez voulu dire autre chose, votre phrase n'est qu'une grossière amorce à l'adresse des ignorants.

Vous voulez préparer aux vieux soldats une existence assurée.

Vour ne savez donc pas qu'il y à Paris et à Avignon deux magnifiques hôtels des Invalides. Vous êtes bien peu modeste et peu respectueux pour les ombres de Louis XIV et de Napoléon !

Vous vous rappelez les douleurs de l'exil et vous promettez de lever la barrière pour tous vos cousins exilés. C'est une fort bonne pensée ; la République l'a pratiquée à votre égard ; votre famille ne doit jamais l'oublier. Vous n'auriez dû rappeler cette magnifique pensée de la France que pour rendre hommage à la magnanimité de votre patrie, et nullement pour vous en faire un titre vis-à-vis des électeurs.

La mission du président, dites-vous en

finissant , est *immense et difficile* , et c'est pour cela que vous l'affrontez avec le léger bagage d'un simple nom propre !...

Vous avez , il est vrai, *un moyen infaillible de faire le bien, c'est de le vouloir.* C'est précisément ce que l'on dit aux enfants, ce qui ne les empêche point d'être souvent fort paresseux et peu intelligents.

Vous aurez , il est encore vrai, *la ressource d'un ministère composé de tout ce que les partis ont de plus distingué ;* mais serez-vous libre de les choisir ? avez-vous songé au moment où il faudra compter avec certains dévouements que vous deviez le moins attendre et *que vous n'auriez jamais dû accepter ?...*

Citoyen prince, que dira l'Europe de tout ceci? et si jamais vous vous rencontrez face à face avec votre conscience, ne serez-vous pas forcé de convenir, avec vous-même, que vous avez voulu, pour satisfaire votre propre ambition, substituer dans la plus haute région du pouvoir :

L'inexpérience la plus complète,	à la connaissance profonde des hommes et des choses.
L'absence de tout service,	aux services les plus éminents.
L'esprit le plus muet,	à un orateur de premier ordre.
Un caractère incertain,	au caractère le plus éprouvé.
Un esprit sans force comme sans opinion,	à un esprit des plus vigoureux, dont les opinions sages et fermes sont parfaitement connues.
La capacité la plus problématique,	à la capacité la mieux reconnue.

Un simple artilleur, à un général de premier mérite.

Enfin un simple nom, à un homme supérieur.

Un nom sous l'abri duquel s'agiteraient l'intrigue et les ambitions contraires, à un homme qui dominera par l'ascendant de son mérite, et donnera l'impulsion par sa puissante initiative.

Un nom à la faveur duquel les partis se disputeraient le pouvoir, la France peut-être, au moyen de la guerre civile, à un homme ferme et sûr, capable de dominer tous les partis et de les assouplir à la discipline, capable de fonder la paix et de nous assurer l'avenir.

Un nom qui n'est que le signe certain de deux ou trois nouvelles révolutions, à un homme avec lequel la révolution est finie et la sécurité assurée.

Enfin un homme qui deux fois attenta à la souveraineté de la France, à un homme qui vingt ans servit glorieusement sa patrie, et qui vient de sauver la société elle-même.

Vous voulez donc jouer en France le rôle du cousin *Canino*, dont les criminelles intri-

gues viennent d'ensanglanter et de déshono-
rer Rome par l'assassinat, de mettre l'Italie
en feu et les jours du grand pape Pie IX en
péril?

Citoyen prince, voilà le vrai de votre pré-
tention à la présidence. Si jamais vous re-
grettiez de vous être risqué à tant d'ambition,
il ne vous restera pas même l'excuse de ne
pas avoir été averti.

Salut et fraternité.

ARCHILOQUE.

PARIS. — IMPRIMÉ PAR E. THUNOT ET Cᵉ,
Successeurs de FAIN et THUNOT, 28, rue Racine, près de l'Odéon.